打通多重记忆思维，
告别死记硬背，轻松"吃透"古诗文

爱上古诗文其实很简单

比格豹童书　著/绘　**5**

电子工业出版社
Publishing House of Electronics Industry
北京·BEIJING

【目 录】

观书有感（其一） 宋·朱熹 \ 4

观书有感（其二） 宋·朱熹 \ 8

四时田园杂兴（其三十一）
宋·范成大 \ 12

稚子弄冰 宋·杨万里 \ 16

村晚 宋·雷震 \ 20

游子吟 唐·孟郊 \ 24

鸟鸣涧 唐·王维 \ 28

从军行 唐·王昌龄 \ 32

秋夜将晓出篱门迎凉有感
宋·陆游 \ 36

闻官军收河南河北 唐·杜甫 \ 40

凉州词 唐·王之涣 \ 44

黄鹤楼送孟浩然之广陵

唐·李白 \ 48

自相矛盾　　选自《韩非子·难一》\ 52

乡村四月　　宋·翁卷 \ 56

杨氏之子

选自《世说新语·言语》\ 60

宿建德江　　唐·孟浩然 \ 64

六月二十七日望湖楼醉书

宋·苏轼 \ 68

西江月·夜行黄沙道中

宋·辛弃疾 \ 72

过故人庄　　唐·孟浩然 \ 76

春日　　宋·朱熹 \ 80

回乡偶书　　唐·贺知章 \ 84

观书有感(其一)

宋·朱熹

半亩方塘一鉴开,
天光云影共徘徊。
问渠那得清如许?
为有源头活水来。

注

鉴：镜子。

徘徊：在一个地方来回移动。

渠：它，这里指方塘里的水。

那得：怎么会。那，同"哪"。

清如许：这样清澈。如许，如此，这样。

为：因为。

译

半亩大的方形池塘像一面镜子一样铺展开，天空的光辉和浮云的影子在水面一起移动。要问池塘里的水为什么这么清澈？是因为有水流不断地从源头流来。

诗歌助记

半亩方塘　一鉴开，

观书有感（其一）
宋·朱熹

问渠　那得　清如许？

天光　云影　共徘徊。

为有　源头　活水来。

□□有感（其一）

宋·朱□

半亩□□一鉴开，天光□□共徘徊。

问渠那得□□□？

为有□□活水来。

爱说理的朱熹

程门立雪

朱熹是南宋时期的理学家。理学家是一些致力于研究藏在万事万物中的规律和道理的学者。赞美莲花"出淤泥而不染"的北宋文学家周敦颐，成语故事"程门立雪"中的北宋学者程颐，以及他的哥哥程颢（hào），盯着一根竹子琢磨世间道理的明朝学者王守仁，都是理学家。

朱熹的两首《观书有感》都是讲读书道理的说理诗。诗名中的观书就是看书、读书，但是，这首诗和读书有什么关系呢？

半亩方塘一鉴开：读书人心如明镜，清澈如水，

天光云影共徘徊：胸怀广大，装得下星辰大海，天光云影都在这里自由自在地徘徊。

问渠那得清如许：读书人为什么能心如明镜、胸怀广大呢？

为有源头活水来：因为每天读书、学习、思考，不断积累新的知识，就像有源源不断供给新鲜水流的源头一样。人的智慧、思想的源头就是藏在众多书籍中的知识之泉。

观书有感(其二)

宋·朱熹

昨夜江边春水生,
蒙冲巨舰一毛轻。
向来枉费推移力,
此日中流自在行。

注

蒙冲:同"艨艟",古代战船,这里指大船。
一毛轻:像一片羽毛一般轻盈。
向来:原先,指春水上涨之前。
枉费:白白地耗费。
中流:河流的中心。

译 昨天夜晚江边春水猛涨,
庞大的舰船就像一片羽毛一样轻盈。
以往花费许多力量也推不动它,
今天却在河流中间自在地行驶。

诗歌助记

昨夜　　春水生,
蒙冲　巨舰　一毛轻。
观书有感(其二)
宋·朱熹
向来　枉费　推移力,
此日　中流　自在行。

□□有感（其二）

宋·朱□

昨夜□□春水生，

　　　　□□□□一毛轻。

向来□□推移力，

此日□□自在行。

读书的三层境界

朱熹的第二首《观书有感》也是一首说理诗,表面上在写行船,其实是在讲读书的感受。

昨夜江边春水生:昨天晚上思路豁然开朗,

蒙冲巨舰一毛轻:巨大的难题迎刃而解。

向来枉费推移力:之前绞尽脑汁、冥思苦想,怎么也想不明白,

此日中流自在行:今天各种相关的想法却在头脑中如顺水行船般自在流淌。

近代学者王国维借用宋代词人的三段词句形容读书学习的三层境界。

第一层
昨夜西风凋碧树,独上高楼,望尽天涯路。宋·晏殊《蝶恋花》

读书要耐得住寂寞,下定决心,立志高远。

第二层
衣带渐宽终不悔,为伊消得人憔悴。宋·柳永《蝶恋花》

定下明确的目标,坚持不懈,即使日渐消瘦也无怨无悔。

第三层
众里寻他千百度,蓦(mò)然回首,那人却在,灯火阑珊处。宋·辛弃疾《青玉案》

在人群中找了她千百回,猛然回头,却发现她就在灯火黯淡的地方。寻找了千百次的答案,不经意间突然就找到了。"向来枉费推移力,此日中流自在行"表达的也是这一层境界。

四时田园杂兴（其三十一）

宋·范成大

昼出耘田夜绩麻，
村庄儿女各当家。
童孙未解供耕织，
也傍桑阴学种瓜。

注
耘田：在田间除草。
绩麻：把麻搓成线。
未解：不理解，不懂。
供：从事，参加。
傍：靠近。

译
初夏，农人白天去田里除草，夜晚在家中搓麻线，
村里的男子女子各有各的活儿要干。
小孩子还不懂怎么耕田和织布，
也在桑树荫下学着大人的样子种瓜。

诗歌助记

昼出 耘田 夜 绩麻，
村庄 儿女 各当家。
童孙 未解 供耕织，
也傍 阴 学种瓜。

四时田园杂兴
（其三十一）
宋·范成大

四时□□杂兴(其三十一)

宋·范□□

昼出□□夜□□，

村庄儿女各□□。

童孙未解供□□，

也傍□□学□□。

隐居石湖

范成大是吴县（今江苏苏州）人，出生于南宋建立的前一年。他为官三十多年，为国家、为人民做了很多实事。五十多岁时，范成大在苏州的石湖边修建了一座带园林的别墅，终于过上了他向往已久的田园生活。皇帝为他题写了"石湖"二字，他也给自己取了个号为"石湖居士"。

因为喜欢吃梅子，范成大在别墅周围种了许多梅子树，还写了一本关于梅子的书。在石湖隐居的这段时期，范成大写下了他最知名的代表作《四时田园杂兴》六十首，分为春日、晚春、夏日、秋日、冬日五组，每组十二首，生动刻画了四个季节的农村劳动和田园生活，也反映出农民所受的剥削和生活的困苦。

新筑场泥镜面平，
家家打稻趁霜晴。
笑歌声里轻雷动，
一夜连枷响到明。

《秋日田园杂兴》

劳动让人快乐！

租税太重，日子难过。

无力买田聊种水，
近来湖面亦收租。

《夏日田园杂兴》

稚子弄冰

宋·杨万里

稚子金盆脱晓冰，
彩丝穿取当银钲。
敲成玉磬穿林响，
忽作玻璃碎地声。

注
稚子：幼小的孩子。
弄：手拿着、摆弄着玩儿。
钲：一种金属打击乐器，形状像钟，有长柄。
磬：一种打击乐器，形状像曲尺，多用玉、石制成。
玻璃：不是现在的玻璃，在这里指古时候的一种天然玉石。

诗文声律
脱晓冰 ═ 当银钲
玉磬 ═ 玻璃
穿林响 ═ 碎地声

译
清晨，小孩子从铜盆里把冻结的冰块取出来，用彩线穿起来当成钲来敲。
敲出的声音像玉磬声一样穿越树林，
冰块忽然落到地上，发出玉石碎裂般的声音。

诗歌助记

稚子 金盆 **脱晓冰，**

彩丝 **穿取** 当银钲。

稚子弄冰
宋·杨万里

敲成 玉磬 穿林响，

忽作 玻璃 碎地声。

□□ 弄冰　宋·杨□□

稚子□□脱□□，
□□穿取当□□。
敲成□□穿林响，
忽作□□碎地声。

杨万里的儿童诗

杨万里是吉州吉水（今江西吉水）人。他为官清廉刚直，对官位、财富都看得很淡，随时准备放弃。杨万里在朝廷里做官时，专门做了个小木盒，用来存放平时攒下来的返回家乡的路费。他经常对家人说，不要随便买东西，免得到时候回老家时行李太多。在京中当官多年，每天都像是整装待发。等到他退休后回到家乡，也没有钱建新房子，一家人仍旧住在几间破败的老屋里。

诗人虽然在官场待了几十年，仍然怀着一颗童心，描写儿童的诗作写得清新活泼，富有童趣。除了这首《稚子弄冰》，他还写了很多描写儿童的诗。

日长睡起无情思，闲看儿童捉柳花。
《闲居初夏午睡起（其一）》

戏掬清泉洒蕉叶，儿童误认雨声来。
《闲居初夏午睡起（其二）》

一叶渔船两小童，收篙停棹（zhào）坐船中。
怪生无雨都张伞，不是遮头是使风。
《舟过安仁》

村晚

宋·雷震

草满池塘水满陂，
山衔落日浸寒漪。
牧童归去横牛背，
短笛无腔信口吹。

注　陂：池塘的岸。
　　衔：口里含着。
　　漪：水面的波纹。
　　腔：曲调。
　　信口：随口。

译　池塘边长满绿草，池水涨满池岸，
　　太阳正要落山，山衔住落日，
　　倒影浸没在带着寒意的水波里。
　　放牛回家的孩子横坐在牛背上，
　　用短笛随口吹奏着不成调的曲子。

诗歌助记

草满池塘　水满陂，　山衔落日　浸寒漪。

牧童　归去　横牛背，　短笛无腔　信口吹。

村晚

宋·雷震

村□

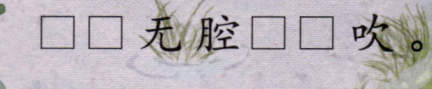

宋·雷□

草满□□水满□,
山衔□□浸□□。

□□归去横□□,
□□无腔□□吹。

牧童、牛和短笛

《村晚》是一首描写乡村傍晚景色的田园诗。前两句描写了近处绿草丛生、池水涨满的池塘；远处太阳西沉，有一半已经落到了山背后，就像被山衔在口中一样；远山和夕阳一起倒映在湖中，像浸没在泛着寒意的粼粼波光里。在这样一幅田园风光图中，出现了一个横坐在牛背上的孩子，手里拿着一支短笛随意地吹出清脆的曲子，给宁静的自然风景增添了一份活泼灵动的生机。

牧童是指放牧牛、羊等牲畜的儿童。我国古代，牛是农民耕种田地的重要帮手，孩子们要承担的主要家务劳动之一就是帮家里放牛，所以古诗中出现的牧童大多都是放牛的孩子。牧童是田园诗中经常出现的人物形象，他们手里通常还会拿着一管短笛，打发有些无聊的放牛时光，呈现出一种无忧无虑、自由自在、怡然自得的生活状态，也表达出诗人们对这种自由淳朴、与世无争的田园生活的向往之情。

远岸牧童吹短笛，
蓼（liǎo）花深处信牛行。

唐·刘兼《莲塘霁（jì）望》

渔父晚船分浦（pǔ）钓，
牧童寒笛倚牛吹。

唐·杜荀鹤《登石壁禅师水阁有作》

游子吟

唐·孟郊

慈母手中线，
游子身上衣。
临行密密缝，
意恐迟迟归。
谁言寸草心，
报得三春晖。

注

游子：指离开家乡在外旅行或长期居住在外乡的人。
吟：古代诗歌体裁的一种。
意恐：担心。
寸草：小草，这里比喻子女。
三春晖：春天灿烂的阳光，这里比喻慈母之爱。三春，春天，农历正月为孟春，二月为仲春，三月为季春，合称三春。晖，阳光。

译

慈爱的母亲手里拿着针线，
为将要出远门的孩子缝制新衣。
临行前一针针密密地缝，
生怕孩子迟迟不能回来会把衣服穿破。
有谁能说像小草那样微薄的心意，
能报答得了春天阳光般温暖博大的慈母之爱。

♪ 诗文声律

慈母 ═ 游子
密密缝 ═ 迟迟归
手中线 ═ 身上衣
寸草心 ═ 三春晖

目 诗歌助记

慈母 手中 线， 游子 身上 衣。
临行 密密 缝， 意恐 迟迟 归。
谁言 寸草 心， 报得 三春 晖。

游子吟
唐·孟郊

□□ 吟

唐·孟□

慈母手中□,
游子身上□。

临行□□缝,
意恐□□归。

谁言□□心,
报得□□晖。

郊寒岛瘦

本诗作者孟郊是和《寻隐者不遇》的作者贾岛同时代的诗人,他比贾岛大二十八岁。孟郊四十多岁才考中进士,几年后当了个县一级的小官,一生都在贫寒困顿中度过。孟郊和贾岛都是对每个字词都要仔细锤炼、反复推敲的苦吟诗人,写了很多凄苦清冷的诗句,诗歌风格哀伤婉转、凄凉悲痛,苏轼称他们为"郊寒岛瘦"。"寒"指清寒,"瘦"指简练。不过《游子吟》这首诗不但不寒冷,还充满着融融的暖意,歌颂了母亲像阳光一样伟大广博、灿烂温暖的爱子之心。

成语大家

有很多成语出自古人的诗句,孟郊的诗作就贡献了四个成语。本诗中的"谁言寸草心,报得三春晖"出了成语"寸草春晖",用来比喻子女报答不尽父母的恩情。他的"妾心藕中丝,虽断犹相连"出了成语"藕断丝连",比喻表面上断了关系,实际上仍有牵连。

孟郊第三次参加科举考试,终于考中了进士,他怀着激动兴奋的心情,写下了"春风得意马蹄疾,一日看尽长安花",成语"春风得意""走马观花"就出自这两句诗。"春风得意"形容事业成功、事事顺畅时心满意足、扬扬自得的样子;"走马观花"则形容观察事物或了解情况不深入细致。

鸟鸣涧

唐·王维

人闲桂花落，
夜静春山空。
月出惊山鸟，
时鸣春涧中。

注　鸟鸣涧：鸟儿在山涧中鸣叫。涧，夹在两山之间的流水。
　　闲：安静，悠闲。
　　惊：惊动，惊扰。
　　时鸣：不时地啼叫。时，时而，偶尔。

♪ 诗文声律
人闲 ⇌ 夜静
桂花落 ⇌ 春山空

译　人闲适恬静，桂花悄无声息地飘落，春天安静的夜晚，山间更显空寂。月亮出来，惊起几只栖息的山鸟，不时在春天的山涧中声声啼鸣。

目 诗歌助记

人闲　桂花　落，
夜静　春山　空。
鸟鸣涧
唐·王维
月出　惊　山鸟，
时鸣　春涧　中。

鸟鸣□

唐·□□

人闲□□落，

夜静□□空。

月出惊□□，

时鸣□□中。

静悄悄的诗词

《鸟鸣涧》是诗人王维为好友皇甫岳的云溪别墅题写的组诗《皇甫岳云溪杂题五首》中的第一首。诗名中虽然有"鸟鸣",但全诗着重表现的却是"静"。桂花细小,静落无声;春夜寂静,更显山间空旷。月亮从云层中露出来,明亮的月光就足以惊醒已经入睡的小鸟,而几声鸟鸣更衬托出夜的寂静。

古诗词中有很多描写环境寂静清幽的诗句。有些诗中,全然听不到声响。

千山鸟飞绝,万径人踪灭。 唐·柳宗元《江雪》

所有的山上,鸟都已经飞尽,所有的路上都看不到人的踪迹。

缺月挂疏桐,漏断人初静。谁见幽人独往来,缥缈孤鸿影。 宋·苏轼《卜算子》

弯月挂在枝叶稀疏的梧桐树上,夜深人静,用来滴水计时的漏壶里的水已经滴光了。有谁见到幽人独自往来,仿佛天边孤雁般隐隐约约的身影。

另外一些诗则像《鸟鸣涧》一样,用声响来反衬环境的寂静。

蝉噪林逾静,鸟鸣山更幽。 南北朝·王籍《入若耶溪》

蝉儿鸣噪,树林却显得格外宁静;鸟鸣声声,山间却更显清幽。

从军行

唐·王昌龄

青海长云暗雪山,
孤城遥望玉门关。
黄沙百战穿金甲,
不破楼兰终不还。

注

从军行：乐府曲名，内容多写边塞情况和战士的生活。王昌龄的这组诗共七首，本诗为第四首。

青海：指青海湖，在今青海。

长云：指云长、云多、连绵不断。

玉门关：古代关名，故址在今甘肃敦煌西北。

穿：磨穿，磨破。

楼兰：古代西域国名，在今新疆境内，这里泛指西域地区的各部族政权。

译

青海湖上空大片的乌云遮暗了雪山，
边塞孤零零的古城和玉门关遥遥相望。
守边将士身经百战，黄沙已经把铠甲磨穿，
不打败来犯的敌人，绝不返回家乡。

诗歌助记

从军行
唐·王昌龄

青海 长云 暗 雪山，孤城 遥望 玉门关。
黄沙 百战 穿 金甲，不破 楼兰 终不还。

□□行 唐·王□□

□□长云暗雪山，

孤城遥望□□□。

黄沙百战穿□□，

不破□□终不还。

玉门关

玉门关不是玉做的门，而是玉经过的门。

《从军行》中出现了玉门关，古代的西域指的就是玉门关以西的广大区域。玉门关修建于汉武帝时期，是中原通往西域的门户，也是"丝绸之路"上的重要关隘。出产和田玉的新疆和田，汉代时属于西域的于阗（tián）国，当时已经向中原输送玉石，玉门关也因而得名。

楼兰古国

楼兰也是古代西域的一个小国，国都楼兰城位于新疆罗布泊西岸，现在还存有楼兰古城遗址。西汉时，楼兰和汉朝之间多次爆发战争，西汉大臣傅介子斩杀楼兰王，任命了新国王，并把楼兰改名为鄯（shàn）善。东汉时，班超出使西域，想联合鄯善国一起对付北方的匈奴，成语故事"不入虎穴，焉得虎子"就发生在这里。楼兰（鄯善）国存在了六百多年后，在南北朝时期被北魏灭亡。本诗中，楼兰被用来泛指西域地区的各部族政权。

秋夜将晓出篱门迎凉有感

宋·陆游

三万里河东入海,
五千仞岳上摩天。
遗民泪尽胡尘里,
南望王师又一年。

注 三万里河：指黄河。"三万里"是虚指，形容很长。

五千仞岳：指华山。"五千仞"是虚指，形容很高。仞，古代长度单位，八尺或七尺叫作一仞，周代一尺约为二十三厘米。

摩天：碰到天，形容极高。摩，接触。

遗民：指在金统治地区生活的原先宋朝的百姓。

胡尘：指金统治地区的风沙，这里借指金政权。

王师：指南宋朝廷的军队。

译 黄河奔流入海，
华山高耸入云。
遗民百姓的泪水已经流尽，
年复一年地盼望南宋朝廷前来收复失地。

诗文声律

三万里 ═ 五千仞
　河 ═ 岳
东入海 ═ 上摩天

诗歌助记

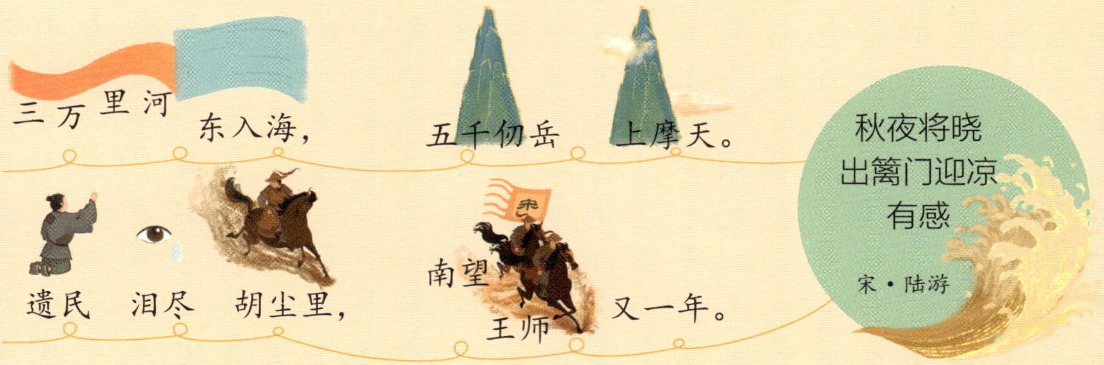

三万里河 东入海，五千仞岳 上摩天。
遗民 泪尽 胡尘里，南望 王师 又一年。

秋夜将晓出篱门迎凉有感
宋·陆游

秋夜□□出篱门□□有感

□·陆游

三万里河□□□,
五千仞岳□□□。
□□泪尽□□里,
南望□□又一年。

心系统一的小李白

陆游出生于越州山阴（今浙江绍兴）一个官宦世家。1125年，父亲陆宰带着家人坐船去京城开封向皇帝汇报工作，走到淮河时，陆游在船上出生，于是取名为"游"。就在那年冬天，北方的金兵南下入侵中原，并于1127年攻破开封，北宋灭亡。陆宰也带着家人回到了山阴老家。

陆游年轻时在朝廷做官，他博学多才，能诗擅文，名气很大。有一次，皇帝问身边的大臣："我们这一朝的诗人中，有像唐代的李白那样才华横溢、冠绝一时的大诗人吗？"大臣不假思索地说："陆游可以称得上是那样的诗人。"后来，朝廷上下的官员们就称陆游为"小李白"。

陆游一生坚持抗金，晚年退休后回到家乡山阴居住，虽然不用再为工作操心，但希望朝廷军队早日北伐、收复中原仍是他最大的心愿。这年初秋的一个夜晚，天气还有些炎热，想到自己年华已老，壮志未酬，陆游无法入睡，彻夜难眠。天快亮时，他走出竹篱院门，一阵凉风迎面吹来，天空银河西沉，邻居家传来鸡鸣，想想宋朝大好河山仍被金人占据，中原百姓还在苦苦等待王师归来，百感交集，于是写下了《秋夜将晓出篱门迎凉有感》二首，今天学的是其中的第二首。

闻官军收河南河北

唐·杜甫

剑外忽传收蓟北,
初闻涕泪满衣裳。
却看妻子愁何在,
漫卷诗书喜欲狂。
白日放歌须纵酒,
青春作伴好还乡。
即从巴峡穿巫峡,
便下襄阳向洛阳。

注

河南河北:指当时被安史叛军占领的黄河南北两岸的地区。
剑外:剑门关以南地区,指作者所在的蜀地,今四川一带。
蓟北:泛指唐朝蓟州北部地区,今河北北部一带,当时是叛军盘踞的地方。
涕:眼泪。　却看:回头看。　妻子:妻子和孩子。　青春:指春天。
巴峡:指在今重庆嘉陵江的巴峡,俗称"小三峡"。
巫峡:长江三峡之一,在今重庆巫山。

诗文声律

却看 ═ 漫卷
妻子 ═ 诗书
愁何在 ═ 喜欲狂
白日 ═ 青春
放歌 ═ 作伴
须纵酒 ═ 好还乡

即从 ═ 便下
巴峡 ═ 襄阳
穿巫峡 ═ 向洛阳

译

剑门关外忽然传来收复蓟北的消息,
刚听说时,激动的泪水落满衣裳。
回头看看妻子和孩子,哪还有一点儿愁容,
随手卷起诗书收拾行李,全家人欣喜若狂。
白日里我要放声高歌,痛饮美酒,
明媚的春光陪伴我一起返回家乡。
即刻就要起程,穿过巴峡后再穿过巫峡,
经过襄阳后直奔久别的洛阳。

诗歌助记

闻官军收河南河北
唐·杜甫

剑外　忽传　收蓟北,　初闻　涕泪　满衣裳。
却看　妻子　愁何在,　漫卷　诗书　喜欲狂。
白日　放歌　须纵酒,　青春　作伴　好还乡。
即从　巴峡　穿巫峡,　便下　襄阳　向洛阳。

闻□□收河□河□ 唐·□□

剑外忽传收□□,
初闻□□满衣裳。
却看妻子□□□,
漫卷诗书□□□。
白日□□须纵酒,
□□作伴好还乡。
即从□峡穿□峡,
便下□阳向□阳。

诗圣杜甫

杜甫的诗更关注老百姓的生活,同情下层人民,记录真实历史,所以他被称为"诗圣",他的诗被称为"诗史"。

杜甫怀才不遇,一生穷困潦倒,小儿子甚至被活活饿死。虽然自己处境艰难,但他心里想的却是天下所有饱受苦难的人民。

> 光我有房不行,还得全天下人都有房。

安得广厦千万间,大庇天下寒士俱欢颜。《茅屋为秋风所破歌》

公元755年,"安史之乱"爆发后,唐玄宗逃到了四川,杜甫被新继位的唐肃宗任命为左拾遗,所以杜甫也被称为"杜拾遗"。左拾遗的主要工作就是给皇帝提意见,结果不久后杜甫就因为提意见得罪了皇帝,被贬到华州(今陕西渭南)当了个小官。后来杜甫辞去官职,到了四川一带。

安史之乱的八年间,杜甫颠沛流离,在路途中亲眼看到了战争给老百姓带来的苦难,写下了著名的"三吏""三别"。

公元763年春天,叛军被打败,黄河南北大片地区被官军收复,安史之乱结束。消息传来,杜甫激动万分,写下了这首《闻官军收河南河北》,表达出战乱终于平息,自己和家人能够返回家乡的喜悦心情。

> 我的诗都来自痛苦的生活本身。

三吏:《新安吏》《石壕吏》《潼关吏》
三别:《新婚别》《垂老别》《无家别》

凉州词

唐·王之涣

黄河远上白云间,
一片孤城万仞山。
羌笛何须怨杨柳,
春风不度玉门关。

注 凉州词：为唐代流行的一首曲子《凉州曲》配的唱词。《凉州曲》起源于凉州（今甘肃武威）一带。
羌笛：古代羌族的一种乐器。
杨柳：指《折杨柳》这首曲子，寓意离别的情怀。
度：吹到，吹过。

译 黄河像远远延伸进高高的白云之间一样，一片孤零零的关城依傍在万仞高山边。何必用羌笛吹起哀怨的杨柳曲，埋怨春天迟迟不来，要知道，春风从来没有吹到过玉门关。

诗歌助记

黄河 远上 白云间，
一片孤城 万仞山。
羌笛 何须 怨杨柳，
春风 不度 玉门关。

凉州词
唐·王之涣

□□词 唐·王□□

黄河远上□□□,
一片孤城□□□。
□□何须怨□□,
春风不度□□□。

旗亭画壁

本诗作者王之涣和诗人高适、王昌龄都是好朋友。相传有一次,三人去酒楼喝酒,正好十几个艺人在这里奏乐唱曲。王昌龄低声对二人说:"我们三人从来没分出个高低,今天正好看看,待会儿艺人们唱得最多的是谁的诗,谁就是最厉害的。"

这时就听第一个歌伎唱道:"寒雨连江夜入吴,平明送客楚山孤。洛阳亲友如相问,一片冰心在玉壶。"王昌龄用手指在墙壁上划了一道,说:"我的一首绝句。"

接着第二位唱的是高适的诗,高适也在墙上划了一道:"我的一首绝句。"

第三位歌伎唱的又是王昌龄的,他得意地在墙上又划了一道:"两首啦!"

王之涣很不服气,说:"这都是些穷困潦倒的艺人,唱的也是些老百姓爱听的流行歌曲,一点儿都不高雅。"他指着艺人中长得最漂亮、气质最好的那个说:"待会儿看看这一位唱什么歌,如果不是我的,我这辈子都不跟你们争高低了。"大家听了一片欢笑,然后满怀期待地等着表演开始。

不久,就听那位歌伎开口唱道:"黄河远上白云间,一片孤城万仞山。羌笛何须怨杨柳,春风不度玉门关。"

王之涣跳起来喊道:"怎么样,我没有吹牛吧!"王昌龄和高适哈哈大笑,都承认这次比拼王之涣更胜一筹。

在古代,酒楼也称为旗亭,因为在门前挂有旗子而得名,这个故事就叫"旗亭画壁"。

得,我两首没能抵得上你一首。

不会是你雇的托儿吧?

最好的诗配最美的人。

黄鹤楼送孟浩然之广陵

唐·李白

故人西辞黄鹤楼,
烟花三月下扬州。
孤帆远影碧空尽,
唯见长江天际流。

注
之：去，往。
广陵：即扬州。在今江苏。
故人：老朋友。这里指李白的朋友孟浩然。
辞：辞别。
烟花：形容柳絮如烟、繁花似锦的春天景色。
天际：天边。

译
老朋友向我辞行，朝西挥别了黄鹤楼，在阳春三月顺长江而下，去扬州远游。一片孤帆渐渐远去，消失在碧空尽头，只看见滚滚长江水朝着天边奔流不休。

诗歌助记

黄鹤楼送孟浩然之广陵
唐·李白

故人 西辞 黄鹤楼，烟花三月 下扬州。
孤帆 远影 碧空尽，唯见 长江 天际流。

□□楼送□□□之广陵

唐·□□

故人西辞□□□，

烟花三月□□□。

孤帆远影□□□，

唯见长江□□□。

李白和黄鹤楼

黄鹤楼位于现在湖北省省会武汉市，始建于三国时期。传说曾经有位神仙在这里骑上一只黄鹤飞天而去，黄鹤楼因此得名。

二十七岁时，在外漫游了几年的李白在湖北安陆定居下来，在这里住了十年。在这段时间里，李白结识了比他大十二岁的湖北襄阳人孟浩然。这一年的阳春三月，孟浩然准备去广陵，李白便约孟浩然在武汉见面，和孟浩然同游黄鹤楼后，在江边送别，并写下了这首脍炙人口的《黄鹤楼送孟浩然之广陵》。

李白曾多次游览黄鹤楼，写下过"黄鹤楼中吹玉笛，江城五月落梅花"的伤感诗句。但李白虽是唐代诗歌成就最高的诗人，关于黄鹤楼最出名的诗却不是他写的。

传说有一次，李白登上黄鹤楼放眼远眺，被眼前开阔壮观的景色所震撼，正想题诗一首，突然看到墙壁上已经有人题了一首诗，这便是崔颢的《黄鹤楼》。

　　昔人已乘黄鹤去，此地空余黄鹤楼。黄鹤一去不复返，白云千载空悠悠。
　　晴川历历汉阳树，芳草萋萋鹦鹉洲。日暮乡关何处是？烟波江上使人愁。

唐·崔颢《黄鹤楼》

李白边看边赞叹不绝，说道："眼前有景道不得，崔颢题诗在上头。"然后无奈地放下了笔。

自相矛盾

选自《韩非子·难一》

楚人有鬻盾与矛者,誉之曰:"吾盾之坚,物莫能陷也。"又誉其矛曰:"吾矛之利,于物无不陷也。"或曰:"以子之矛陷子之盾,何如?"其人弗能应也。夫不可陷之盾与无不陷之矛,不可同世而立。

注

矛：古代兵器，在长杆的一端装有青铜或铁制成的枪头。

盾：盾牌，古代作战时用来防护身体、遮挡刀箭。

楚人：楚国人。

鬻：卖。　誉：赞誉，夸耀。

吾：我，我的。

陷：刺破，穿透。

利：锋利。

或：有的人。

弗：不。　应：回答。

夫：放在句首，表示将发议论。

译

楚国有个卖盾和矛的人，夸耀他的盾说："我的盾坚固无比，没有什么东西能够刺穿它。"又夸耀他的矛说："我的矛非常锋利，任何坚固的东西都能刺穿。"有人问他："用您的矛来刺您的盾，会怎么样呢？"那人一句话也答不上来。什么都不能刺穿的盾和什么都能刺穿的矛，不可能同时存在于这个世界上。

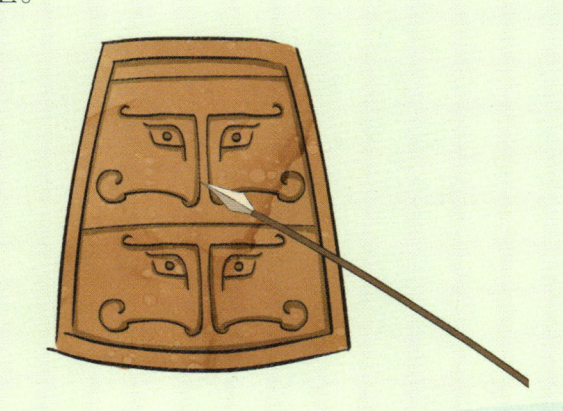

自相□□

选自《□□□·难一》

楚人有□盾与矛者，誉之曰："吾盾之□，物□□□也。"

又誉其矛曰："吾矛之□，于物□□□也。"

或曰："以子之□陷子之□，何如？"其人□□□也。

夫□□□之盾与□□□之矛，不可□□而立。

矛盾和干戈

矛和盾是古代常用的两种兵器，矛用来进攻，盾则用来防御。正是从这个寓言故事之后，矛和盾才合成为一个词语——矛盾。"矛盾"一词有多层含义，比喻一个人的言语或行为自相抵触，也指两个人之间有隔阂、嫌隙，也泛指事物互相抵触或排斥。

这个故事还出了两个成语，第一个就是这篇古文的标题——自相矛盾，指一个人的言行前后不一或是互相抵触。成语"以子之矛，攻子之盾"也出自这个故事，比喻用对方的言论或观点来反驳对方。

传说黄帝时期就已经有了盾，也称为"干"。《山海经》中记载，炎帝手下的大将刑天和黄帝争位时，一手拿干，一手拿戚（斧子）。晋代诗人陶渊明写有"刑天舞干戚，猛志固常在"的诗句，赞美刑天坚持战斗、永不妥协的精神。到了宋代，盾被称为"牌"，现在多合称"盾牌"。

戈是一种类似矛的长杆兵器，干和戈合成"干戈"一词，泛指武器，多用来指战争。如"大动干戈"，原指发动战争，现在多用来比喻兴师动众或大张声势地做事情。另外，干戈也有矛盾、仇怨之意。如"化干戈为玉帛"，比喻消除仇怨，使战争转化为和平，使争吵转化为友好。

> 我们原本可以是配合默契的好朋友。

> 我保护主人，你们负责杀敌。

> 是谁让我们同室操戈？

乡村四月

宋·翁卷

绿遍山原白满川,
子规声里雨如烟。
乡村四月闲人少,
才了蚕桑又插田。

注
山原：山陵和原野。
白满川：指稻田里的水色映着天光。川，平地。
子规：鸟名，杜鹃鸟。
才了：刚刚结束。
蚕桑：种桑养蚕。

译
山坡田野披上绿装，稻田里的水映着白色的天光，
杜鹃声声啼鸣，空中细雨如烟。
乡村的四月少有闲人，
刚忙完采桑养蚕，又要下田去插秧。

诗歌助记

乡村四月
宋·翁卷

绿遍山原 白满川， 子规 声里 雨如烟。

乡村四月 闲人少， 才了 蚕桑 又 插田。

乡村□□

宋·翁□

绿遍山原□□□,
子规声里□□□。

乡村四月□□少,
才了□□又□□。

子规和杜鹃

本诗中的子规就是杜鹃鸟。杜鹃是鸟类中少有的不会筑巢的鸟。鸟儿筑巢可不是为了晚上睡觉用,而是为了孵化小鸟,养育幼鸟。杜鹃不会筑巢,就没法自己孵小鸟,它会把卵产在别的鸟儿的巢里,让别的鸟帮它孵化并养大小鸟。小杜鹃破壳而出后,为了独占养父母带回来的食物,还会把养父母的亲孩子推出巢外。

这孩子,长得不随我啊!

虽然杜鹃的行为这么恶劣,但它却是古诗词中经常出现的鸟类代表。除了子规,它还叫杜宇、布谷。

传说,古代蜀国一位被称为望帝的国君,名叫杜宇,他死后化成了一只杜鹃鸟,悲鸣不止,所以后来人们也称杜鹃为杜宇。

庄生晓梦迷蝴蝶,望帝春心托杜鹃。 唐·李商隐《锦瑟》

每到春天,杜鹃在空中声声啼鸣,"布谷、布谷",像是在催促人们赶紧撒播谷种;漂泊在外乡的人听来,杜鹃却是在叫"不归不归",似乎在催促自己回家,所以杜鹃又有了布谷、子规(归)这两个名字。

大家好,我叫杜鹃,又叫子规、布谷、杜宇……

你既然有这么多名字,就不要跟我抢名字了好不好?

杜鹃花

杜鹃的口腔和舌头都是红的。古人见杜鹃鸣叫不已,嘴里一片血红,以为杜鹃叫得满嘴是血,所以有"杜鹃啼血"一说,用来形容极度悲伤哀痛的情绪。

杨氏之子

选自《世说新语·言语》

梁国杨氏子九岁,甚聪惠。孔君平诣其父,父不在,乃呼儿出。为设果,果有杨梅。孔指以示儿曰:"此是君家果。"儿应声答曰:"未闻孔雀是夫子家禽。"

注

甚：非常。

惠：同"慧"。

诣：拜访。

乃：就，于是。

示：给……看。

夫子：古时对男子的敬称，这里指孔君平。

译 梁国有一户姓杨的人家，家里有个九岁的儿子，非常聪明。孔君平来拜访他的父亲，正好他父亲不在，于是便叫他出来。孩子为孔君平端来水果，水果中有杨梅。孔君平指着杨梅给孩子看，说："这是你家的水果。"孩子马上回答说："没听说过孔雀是先生您家的鸟。"

□□之子

选自《□□□□·言语》

梁国□□子九岁,甚□□。

孔君平□其父,父不在,乃□□出。为设□,果有□□。

孔□以□儿曰:"此是□□□。"

儿□□答曰:"未闻□□是夫子□□。

童言智语

本故事中,父亲的客人用杨梅调侃小朋友,说杨梅和他是一家人,孩子马上用孔雀来回应这位姓孔的客人:如果杨梅和我是一家,那孔雀和您也是一家啰。

这个故事出自南朝刘义庆的《世说新语》,这本书里还收录了很多小孩子说出惊人话语的智慧故事。

晋朝时,有一个八岁的小孩,正好是换牙齿的年纪,嘴里掉了颗牙。一次,一个大人逗他说:"你嘴里为什么开了个狗洞啊?"小孩马上回答说:"就是为了让你这样的人从这里出入啊!"

君口中何为开狗窦?

正使君辈从此中出入!

东汉名士陈寔(shí)也有一个伶牙俐齿的儿子。有一次,陈寔和朋友约了中午来自己家,一起去个地方。到了中午还不见朋友来,陈寔就自己走了。姗姗来迟的朋友得知后,竟然破口大骂:"真不是人啊!和人约好了的,却扔下别人自己走了。"陈寔七岁的儿子说:"您和我父亲约好了中午见面,中午没到,是不讲信用;对着孩子骂父亲,是没有礼貌。"那人听了这话,非常惭愧。

所以你看,小朋友多读书,练好口才,也能把那些喜欢逗小孩或是没礼貌的大人们说得哑口无言。

非人哉!与人期行,相委而去。

君与家君期日中,日中不至,则是无信;对子骂父,则是无礼。

宿建德江

唐·孟浩然

移舟泊烟渚,
日暮客愁新。
野旷天低树,
江清月近人。

注 建德江：指新安江流经建德（今属浙江）的一段。
渚：水中间的小块陆地。

♪ **诗文声律**
野旷 ⇌ 江清
天低树 ⇌ 月近人

译 划动小船，停泊在烟雾笼罩的沙洲边，
日暮时分，在异乡为客的新愁涌上心头。
原野空旷，远处的天空似乎比树还低，
江水清澈，水中的明月仿佛离人更近。

诗歌助记

移舟 泊 烟渚，
日暮 客愁新。

宿建德江
唐 · 孟浩然

野旷 天低树，
江清 月近人。

宿□□江

唐·孟□□

移舟泊□□,

日暮□□新。

野□天□树,

江□月□人。

一句诗惹怒皇帝

传说，孟浩然的好朋友李白去朝廷任职后，一心想把他推荐给唐玄宗。一次，李白和皇帝聊天时，故意说到当时名气很大的诗人孟浩然，李白说："孟浩然是我的老朋友，现在正好就住在我家呢！"唐玄宗马上派人把孟浩然请进宫，让他念几首诗来听听。

孟浩然就朗诵起自己的得意之作《岁暮归南山》。听到诗中有"不才明主弃"，唐玄宗脸色都变了，很不高兴地说："从来没见你给朝廷上书，怎么就被明主弃了呢？你的好诗多的是，为什么不念'气蒸云梦泽，波撼岳阳城'呢？"玄宗说的这两句是孟浩然写给宰相张九龄的《望洞庭湖赠张丞相》一诗中的诗句。因为选错了作品，孟浩然就这样错过了走入仕途的绝好机会。

不过，这个故事有好几个版本，介绍孟浩然和唐玄宗见面的人除了李白，还有王维、张说等说法。不管这个故事是不是真的，诗句"不才明主弃，多病故人疏"确实是孟浩然写的。

> 老哥，兄弟我只能帮你到这儿了。
> 不才明主弃，多病故人疏。
> 简历都不投，倒怪我不用你？

孟浩然找工作失败后，心情郁闷，像现在很多人心情不好时选择外出旅游一样，孟浩然也去到南方吴越一带旅游散心。这天，孟浩然坐船来到建德江段，天色已晚，诗人把船停泊在一处烟气迷蒙的沙州边，看着眼前的秋景，想到自己人到中年，前途黯淡，现在还在远离家乡千里之外的异乡漂泊，写下了这首带着浓浓愁思的《宿建德江》。

六月二十七日望湖楼醉书

宋·苏轼

黑云翻墨未遮山,
白雨跳珠乱入船。
卷地风来忽吹散,
望湖楼下水如天。

注
望湖楼：位于今浙江杭州西湖畔。
醉书：酒后所写。
黑云翻墨：像黑汁一样的乌云在天上翻卷。
白雨：雨很大，看上去白花花的。
跳珠：形容雨点像珍珠一样在船中跳动。
卷地风：贴着地面卷起的风。

♪ 诗文声律
黑云 ⇌ 白雨
翻墨 ⇌ 跳珠
未遮山 ⇌ 乱入船

译
乌云涌动，如打翻的墨汁，但还没有完全遮住山峦，硕大的白色雨点像蹦跳的珍珠乱纷纷地飞入船中。地面卷起一阵狂风，忽然吹散了满天的乌云，望湖楼下，西湖水面波平如镜，水蓝如天。

目 诗歌助记

黑云 翻墨 未遮山，
白雨 跳珠 乱入船。

六月二十七日
望湖楼醉书
宋·苏轼

卷地 风来 忽吹散，
望湖楼下 水如天。

六月二十七日□□□醉书

宋·苏□

黑云□□未遮山，

白雨□□乱入船。

卷地风来□□□，

望湖楼下□□□。

苏轼和欧阳修

年轻的苏轼初出茅庐便能在文坛一鸣惊人,得益于当时的文坛领袖欧阳修的赏识和推崇。苏轼参加科举考试时,主考官正是欧阳修。他看到苏轼的考卷后非常惊喜,打算评为第一,但又觉得这篇文章像是自己的学生曾巩写的(古代科举考试评卷像现在高考阅卷一样,考生的名字是封起来的)。欧阳修为了避嫌,只好忍痛割爱把这张卷子判为第二名。

等到放榜后,考中的考生来拜见考官,欧阳修这才知道文章的作者是一个叫苏轼的年轻人。送走苏轼后,欧阳修写了一封信给朋友,说:"读苏轼的诗文,不知不觉激动得浑身流汗,真是畅快!我这老头子应该给年轻人让开路,让他高出别人一头啊!"这个故事就是成语"出人头地"的出处。

苏轼在文坛崭露头角后,每写出一篇诗文都被人们广为传诵,欧阳修看在眼里,喜在心头,他对朋友说:"等再过三十年,就不会再有人提我了。"意思是说,苏轼将来的文学成就一定会远远超过自己。

王安石变法开始后,反对变法的欧阳修被迫离开京城去外地任职。不久后,同样反对变法的苏轼也主动提出去外地,被任命为杭州通判。和前面学过的《饮湖上初晴后雨》一样,这首诗也是苏轼在杭州当通判期间写下的。

西江月·夜行黄沙道中
宋·辛弃疾

明月别枝惊鹊,清风半夜鸣蝉。

稻花香里说丰年,听取蛙声一片。

七八个星天外,两三点雨山前。

旧时茅店社林边,路转溪桥忽见。

注
西江月：词牌名。
黄沙：即黄沙岭，在今江西上饶的西面。
别枝：横斜的树枝。　旧时：往日。
茅店：用茅草盖的乡村旅舍。
社林：土地庙附近的树林。社，社庙，土地庙。
见：同"现"，显现，出现。

♪ 诗文声律

明月 ══ 清风
七八个 ══ 两三点
星 ══ 雨
天外 ══ 山前

译
明月升上树梢，惊飞了枝头喜鹊，清凉的晚风中，传来蝉鸣声声。
在稻花的香气里，人们谈论着丰收的年景，耳边传来阵阵蛙声。
几颗星星在远远的天边闪烁，山前掉起了零零星星的雨点。
往日熟悉的土地庙树林旁的茅草屋，道路转过溪流上的小桥，便忽然出现在眼前。

🗐 诗歌助记

西江月 夜行黄沙道中
宋·辛弃疾

明月 别枝 惊鹊，清风 半夜 鸣蝉。稻花香里 说丰年，听取 蛙声 一片。

七八个星 天外，两三点雨 山前。旧时 茅店 社林边，路转 溪桥 忽见。

□□月·夜行□□道中

宋·辛□□

明月别枝□□，

清风半夜□□。

□□香里说□□，

听取□□一片。

七八个星□□，两三点雨□□。

旧时□□□□边，

路转□□忽现。

爱国词人的另一面

这首词的作者辛弃疾是南宋著名爱国词人。辛弃疾二十出头时，率领二十多万起义军从北方金人占领区南下投奔南宋，赢得了南宋统治者的赏识，先后被派到多地担任重要官职。但辛弃疾最大的愿望是和金国宣战，收复北方国土，这就让他一直受到朝廷里那些主和派官员的排挤。

四十二岁那年，辛弃疾被撤了职，他便在现在江西上饶城外的带湖修建了稼轩庄园，在这里隐居起来，还给自己取了个号叫"稼轩居士"。《西江月·夜行黄沙道中》就创作于这一时期，词题中的"黄沙道"是通往庄园的一条乡村小道。

除了是忧国忧民的爱国词人，辛弃疾也是一个典型的文艺青年，不仅能写"醉里挑灯看剑，梦回吹角连营"这样满怀壮志的词句，也写下了许多描写田园风光、日常生活的词作。本篇和前面学过的《清平乐·村居》写的都是田园乡村。

昨夜松边醉倒，问松我醉何如。

只疑松动要来扶，以手推松曰去。

《西江月·遣兴》

昨晚醉倒在松树边，我问松树："哥喝醉后帅不帅？"松树像是要过来扶我，被我一手推开："去去去！不用你扶！"

> 不叫代驾，你没开车来。

> 我没醉……不用扶，不用叫代驾……

我见青山多妩媚，料青山见我应如是。

《贺新郎》

在我眼里，青山多么妩媚，我猜，青山看我也很帅。

少年不识愁滋味，爱上层楼。爱上层楼，为赋新词强说愁。《丑奴儿》

少年时不知道什么是愁，就喜欢爬上高楼，为了写新词非得说自己很忧愁。

过故人庄

<small>唐·孟浩然</small>

故人具鸡黍，邀我至田家。
绿树村边合，青山郭外斜。
开轩面场圃，把酒话桑麻。
待到重阳日，还来就菊花。

注

过：拜访。

鸡黍：鸡和黄米饭，指农家待客的丰盛饭食。

郭：古代城墙有内外两重，内为城，外为郭。这里指村庄的外墙。

轩：门窗。

场圃：场，打谷场、稻场。圃，菜园。

桑麻：桑树和麻，这里泛指农事。

重阳日：指农历九月初九。古人在这一天有登高、饮菊花酒的习俗。

译

老朋友准备了丰盛的饭菜，邀请我到他的田舍做客。
绿树在村外环绕，青山在庄外横斜。
推开窗户面对打谷场和菜园，喝着酒闲谈桑和麻。
等到九九重阳节那天，我还要来这里观赏菊花。

♪ 诗文声律

绿树 ═ 青山

村边合 ═ 郭外斜

开轩 ═ 把酒

面场圃 ═ 话桑麻

诗歌助记

故人 具 鸡黍，邀我 至 田家。

过故人庄
唐·孟浩然

开轩 面场圃，把酒 话桑麻。

绿树 村边合，青山 郭外斜。

待到 重阳日，还来 就菊花。

过□□庄
唐·孟□□

故人具□□，邀我至□□。

□□村边合，□□郭外斜。

开轩面□□，把酒话□□。

待到□□日，还来就□□。

孟浩然和他的朋友们

本诗中的"故人"就是老朋友的意思。作者孟浩然生活在盛唐时期，虽然一辈子没当过官，却是当时文化圈里响当当的名人，加上他性格豪爽，结交了一大帮朋友，这里面有不少我们很熟悉的大诗人。

孟老师最帅！
全国人民都爱你！

吾爱孟夫子，
风流天下闻。
唐·李白《赠孟浩然》

第一个要说的就是李白。结识孟浩然时，李白还只是个没什么名气的小诗人，但两人一见如故，结为忘年之交。《黄鹤楼送孟浩然之广陵》就是李白写给孟浩然的送别诗。除了这一首，李白还写过四首诗送给他，足见两人情谊深厚。

后来，孟浩然进京赶考时认识了王维，两人性情相投，兴趣相似，都爱写描绘山水景色、田园生活的山水田园诗，所以被人们合称"王孟"。虽然有王维倾力相助，但孟浩然几次进京都是无功而返，最后只好打定主意回老家襄阳隐居。临走前，他给王维留了一首诗。

寂寂竟何待，朝朝空自归。
欲寻芳草去，惜与故人违。《留别王维》

孟浩然五十一岁那年，多年老友王昌龄去襄阳看望他。孟浩然当时正生着病，在饮食上有很多禁忌，但和朋友一起吃饭喝酒，就顾不得那么多了，因为吃了一口鲜鱼，疾病发作而死。

来来来，浩然兄，喝了这杯还有三杯……

浩然兄，是我害了你。

春日

宋·朱熹

胜日寻芳泗水滨,
无边光景一时新。
等闲识得东风面,
万紫千红总是春。

注 胜日：天气晴朗的好日子。
寻芳：游春，踏青。
泗水：河流名，在今山东。
滨：水边，河边。
光景：风光景物。
等闲：平常，轻易。

译 风和日丽的日子里，我在泗河边踏青，
无边无际的风景焕然一新。
很容易就能认出春风的面貌，
百花开放，万紫千红，到处都是春天的美景。

诗歌助记

胜日 寻芳 泗水滨，无边光景 一时新。
等闲 识得 东风面，万紫 千红 总是春。

春日
宋·朱熹

□日

宋·朱□

胜日□□泗水滨，

无边□□一时新。

□□识得东风面，

□□□□总是春。

追索赠诗

朱熹是南宋著名的文学家、教育家、理学家,他不管是做学问,还是日常生活中为人处事,都非常严谨,有一次却因为自己的疏忽做错了一件事,让他非常后悔。

朱熹被脚病困扰了很多年,最后也是因为这一疾病去世。一次,朱熹请了一个自称精通针灸治疗的道士给他治病。扎过几针之后,脚病竟然好多了,朱熹喜出望外,给了道士一大笔酬金,还写了一首诗送给他:

几载相扶藉瘦筇(qióng),一针还觉有奇功。

出门放杖儿童笑,不是从前勃窣(sū)翁。

几年来靠着竹拐杖走路,一针下去竟然就起了奇效。

扔掉拐杖走出门,像个孩子般放声大笑,再也不是以前那个一瘸一拐的老头啦!

道人收下酬金和赠诗走了。没想到过了没几天,朱熹的脚病复发,比诊治前更严重了。他赶紧派人去找那个道士,但是已经找不到了。朱熹后悔不迭,叹息说:"我并不是要责罚他,只是想把那首赠诗要回来,免得他以后再拿着我的诗去招摇撞骗,祸害别人。"

你回来!钱我不要了,诗得留下!

什么消费者?好评给了就没法改啦!

回乡偶书

唐·贺知章

少小离家老大回,
乡音无改鬓毛衰。
儿童相见不相识,
笑问客从何处来。

注 偶书：随意写下的诗。
乡音：家乡的口音。
鬓毛：额角边靠近耳朵的头发。

译 年少时离开家乡，等到老了才回来，家乡的口音没有改变，但鬓角的头发已经白了。
孩子们见了都不认识我，
他们笑着问我：这位客人您是从哪里来的呀？

诗歌助记

少小 离家 老大 回， 乡音 无改 鬓毛 衰。

儿童 相见 不相识， 笑问 客从 何处来。

回乡偶书

唐·贺知章

回乡□□

唐·贺□□

□□离家□□回，

□□无改□□衰。

儿童相见□□□，

笑问客从□□□。

四明狂客

贺知章出生于现在的浙江萧山,后来搬到了绍兴,三十七岁时考中状元,是浙江历史上第一位有资料记载的状元。贺知章活了八十六岁,在生命的最后一个年头向皇帝辞官,终于回到了阔别几十年的家乡,《回乡偶书》就是他回乡后所作,总共两首,这是第一首。

贺知章性格豁达,狂放不羁,被称为"诗狂"。他晚年还给自己起了个号"四明狂客"。四明是他家乡一座山的名字。

贺知章不仅是诗人,还是一位书法家,尤其是草书和隶书写得好。他平时不轻易动笔,但他酷爱喝酒,喝醉酒后就会文思泉涌,手不停书,兴致越高,字写得越大。有些了解他这一性格的人经常带着笔墨纸砚跟着他,趁他喝醉后拿出来请他写诗作文,贺知章都不会拒绝,提笔就写。更绝的是,他会视手边纸张的多少定诗文的长短,纸写完,诗文也正好写完。

贺知章从来不刻意保留自己的作品,很多书法作品写完就随手送人了,很多诗写好后也是随手一放,所以流传下来的诗只有二十首。书法作品流传下来的也很少,其中有一篇草书的《孝经》传到了日本。

未经许可，不得以任何方式复制或抄袭本书之部分或全部内容。
版权所有，侵权必究。

图书在版编目（CIP）数据

爱上古诗文其实很简单.⑤/比格豹童书著、绘. --北京：电子工业出版社，2023.4
ISBN 978-7-121-45183-6

Ⅰ.①爱… Ⅱ.①比… Ⅲ.①古典诗歌－中国－小学－教学参考资料 ②文言文－小学－教学参考资料
Ⅳ.①G624.203

中国国家版本馆CIP数据核字（2023）第041767号

责任编辑：刘香玉
印　　刷：北京宝隆世纪印刷有限公司
装　　订：北京宝隆世纪印刷有限公司
出版发行：电子工业出版社
　　　　　北京市海淀区万寿路173信箱　邮编：100036
开　　本：889×1194　1/24　印张：22.5　字数：372.9千字
版　　次：2023年4月第1版
印　　次：2023年4月第1次印刷
定　　价：180.00元（全6册）

凡所购买电子工业出版社图书有缺损问题，请向购买书店调换。若书店售缺，请与本社发行部联系，联系及邮购电话：（010）88254888，88258888。
质量投诉请发邮件至zlts@phei.com.cn，盗版侵权举报请发邮件至dbqq@phei.com.cn。
本书咨询联系方式：（010）88254161转1826，lxy@phei.com.cn。